AF186872

Impressum
Verlag: BABADADA GmbH, Nedderfeld 112 , 22529 Hamburg
Geschäftsführer / Verlagsleitung: Harald Hof
Druck: Books on Demand GmbH, In de Tarpen 42, 22848 Norderstedt

Imprint
Publisher: BABADADA GmbH, Nedderfeld 112 , 22529 Hamburg, Germany
Managing Director / Publishing direction: Harald Hof
Print: Books on Demand GmbH, In de Tarpen 42, 22848 Norderstedt

escola
escuela

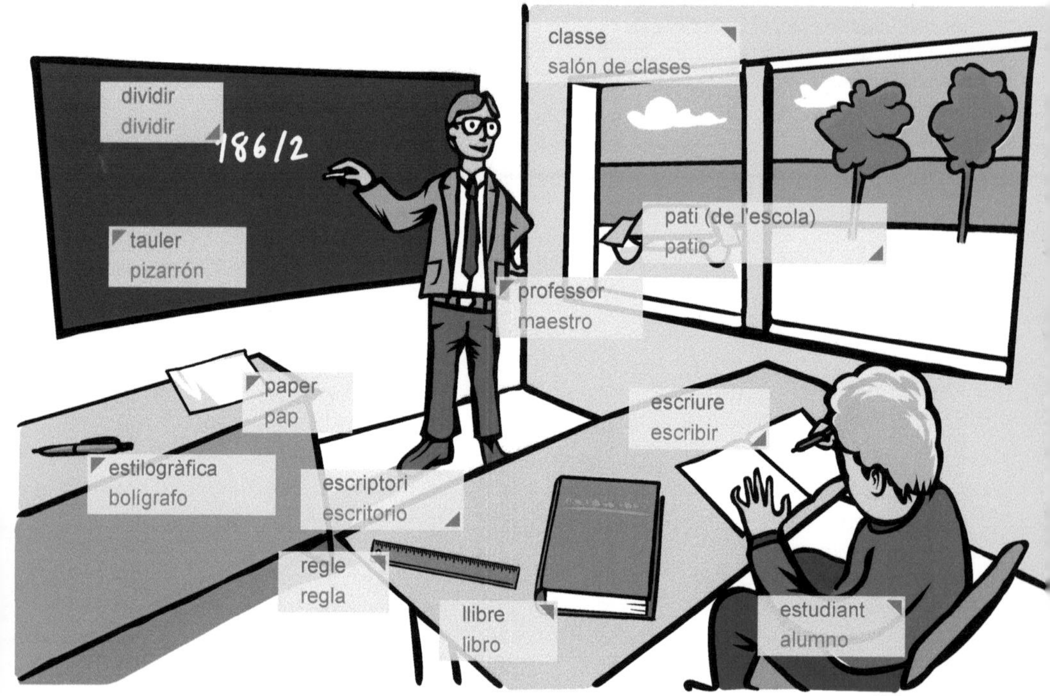
classe
salón de clases
dividir
dividir
186/2
tauler
pizarrón
pati (de l'escola)
patio
professor
maestro
paper
pap
escriure
escribir
estilogràfica
bolígrafo
escriptori
escritorio
regle
regla
llibre
libro
estudiant
alumno

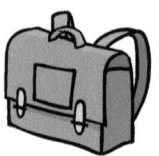

bossa

mochila

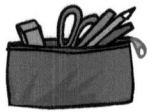

estoig

caja de lápices

llapis

lápiz

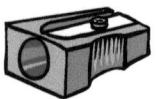

maquineta de fer punta

sacapuntas

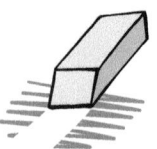

goma

goma de borrar

bloc de dibuix

bloc de dibujo

dibuix
dibujo

pinzell
pincel

capsa de pintures
caja de lápices de color

tisores
tijeras

cola
pegamento

quadern d'exercicis
libro de ejercicios

deures
tarea

nombre
número

afegir
sumar

sostreure
restar

multiplicar
multiplicar

calcular
calcular

lletra
letra

alfabet
alfabeto

mot
palabra

text

texto

llegir

leer

guix

tiza

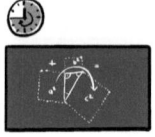

lliçó

lección

llibre de classe

cuaderno de clase

examen

examen

certificat

certificado

uniforme escolar

uniforme

formació

educación

enciclopèdia

enciclopedia

universitat

universidad

microscopi

microscopio

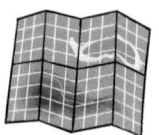

mapa

mapa

paperera

bote de basura

viatge
viaje

hotel
hotel
alberg
hostel
ROOMS
oficina de canvi
casa de cambio
maleta
maleta
automòbil
carro

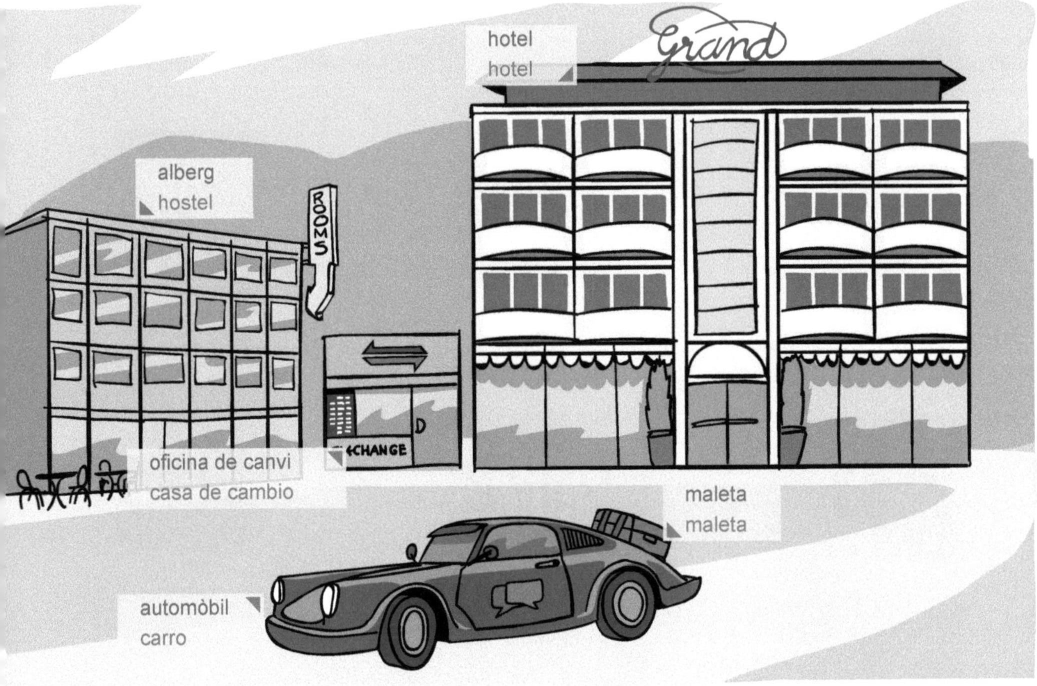

llengua
idioma

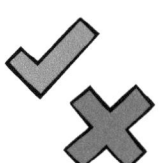

sí / no
sí / no

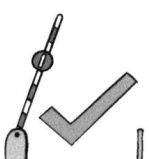

D'acord
Órale

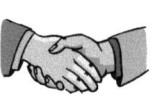

Ey!
hola

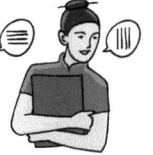

traductora
traductor

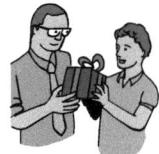

gràcies
Gracias

Quant costa... ?

¿cuánto cuesta...?

No entenc

No entiendo

problema

problema

Bona nit!

¡Buenas tardes!

bon dia!

¡Buenos días!

bona nit!

¡Buenas noches!

fins aviat

adiós

direcció

dirección

bagatge

equipaje

bossa

bolsa

sarrona

mochila

convidat

invitado

cambra

recámara

sac de dormir

bolsa de dormir

tenda

tienda de campaña

oficina de turisme

información turística

platja

playa

carta de crèdit

tarjeta de crédito

esmorzar

desayuno

dinar

almuerzo

sopar

cena

bitllet

billete

ascensor

ascensor

segell

sello

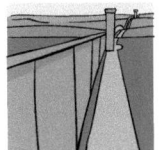

frontera

frontera

duana

aduana

ambaixada

embajada

visat

visa

passaport

pasaporte

transport
transporte

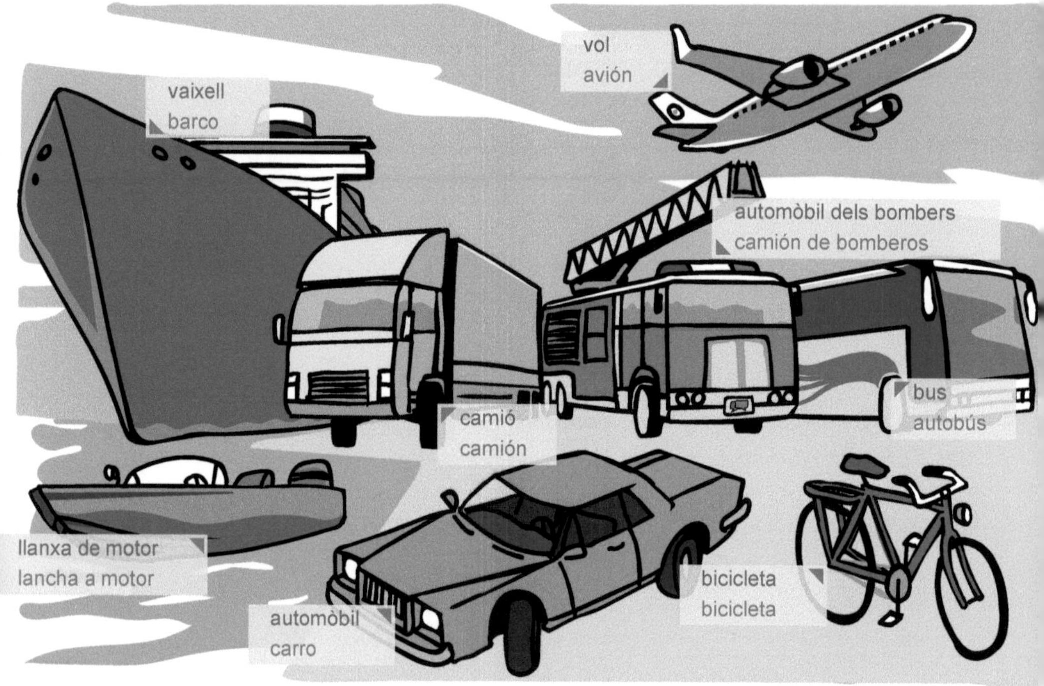
vol
avión
vaixell
barco
automòbil dels bombers
camión de bomberos
camió
camión
bus
autobús
llanxa de motor
lancha a motor
automòbil
carro
bicicleta
bicicleta

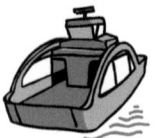

transbordador

ferry

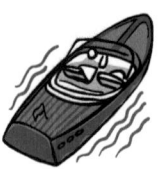

barca

bote

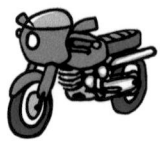

moto

motocicleta

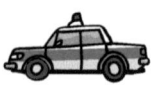

automòbil de policia

patrulla

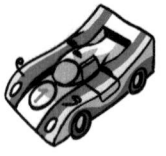

automòbil de curses

coche de carreras

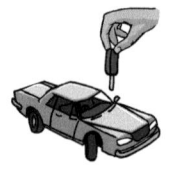

automòbil de lloguer

auto para rentar

vehicle compartit

renta de autos

grua

grúa

camió de les escombraries

camión recolector de basura

motor

motor

benzina

gasolina

benzineria

gasolinera

senyal de trànsit

señal de tráfico

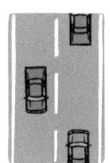

trànsit

tránsito

embús

embotellamiento

aparcament

aparcamiento

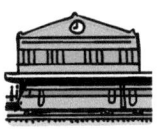

estació de trens

estación de tren

vies

vías

tren

tren

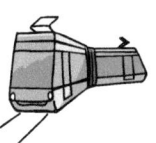

tramvia

tranvía

vagó

vagón

helicòpter

helicóptero

aeroport

aeropuerto

torre

torre

passatger

pasajero

contenidor

contenedor

capsa de cartó

caja de cartón

carretó

carretilla

cistella

cesta

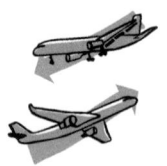

enlairar-se / aterrar

despegar / aterrizar

ciutat

ciudad

poble

pueblo

centre de la ciutat

centro de ciudad

casa

casa

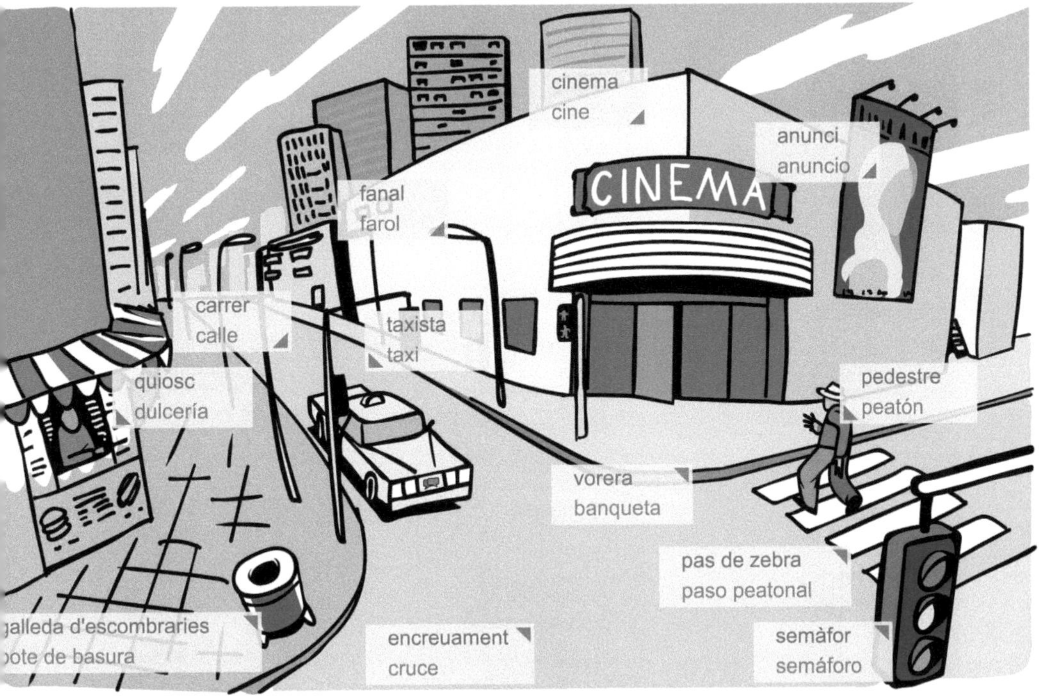

cinema
cine

anunci
anuncio

fanal
farol

CINEMA

carrer
calle

taxista
taxi

pedestre
peatón

quiosc
dulcería

vorera
banqueta

pas de zebra
paso peatonal

galleda d'escombraries
pote de basura

encreuament
cruce

semàfor
semáforo

cabana
cabaña

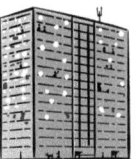

apartament
apartamento

estació de trens
estación de tren

casa de la vila-ciutat
ayuntamiento

museu
museo

escola
escuela

ciutat - ciudad

universitat

universidad

banca

banco

hospital

hospital

hotel

hotel

farmàcia

farmacia

oficina

oficina

llibreria

librería

botiga

tienda

floristeria

florería

supermercat

supermercado

mercat

mercado

gran magatzem

grandes tiendas

peixateria

pescadería

centre comercial

centro comercial

port

puerto

parc
parque

banc
banco

pont
puente

escala
escaleras

metro
metro

túnel
túnel

parada d'autobús
parada de autobús

bar
bar

restaurant
restaurante

bústia de correu
buzón

senyal indicador
letrero

parquímetre
parquímetro

zoo
zoológico

piscina
alberca

mesquita
mezquita

granja
granja

pol·lució
contaminación

cementiri
cementerio

església
iglesia

parc infantil
área de niños

temple
templo

paisatge
paisaje

fulla
hoja

cartell indicador
señal

camí
camino

prat
pradera

pedra
piedra

excursionista
caminante

arbre
árbol

riu
río

gespa
pasto

flor
flor

vall
valle

muntanya
montaña

llac
lago

bosc
bosque

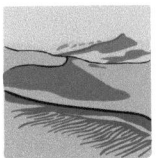

desert
desierto

volcà
volcán

castell
castillo

arc de Sant Martí
arco iris

bolet
champiñón

palmera
palmera

moscard
mosquito

mosca
mosca

formiga
hormiga

abella
abeja

aranya
araña

escarabat

escarabajo

granota

rana

esquirol

ardilla

eriçó

erizo

llebre

liebre

òliba

lechuza

ocell

pájaro

cigne

cisne

senglar

jabalí

cervo

ciervo

ant

alce

presa

embalse

turbina

turbina eólica

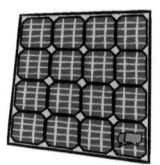

panell solar

pansolar

clima

clima

restaurant
restaurante

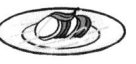

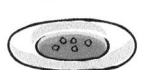

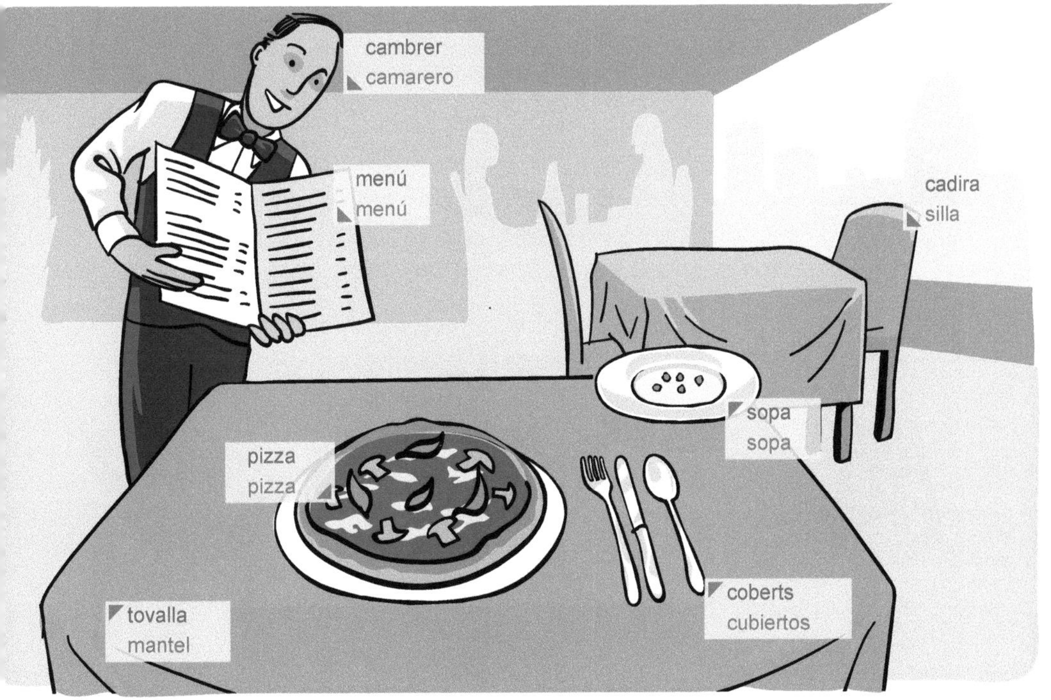
cambrer
camarero
menú
menú
cadira
silla
sopa
sopa
pizza
pizza
coberts
cubiertos
tovalla
mantel

primer plat

entrada

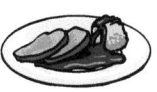

plat principal

plato fuerte

darreries

postre

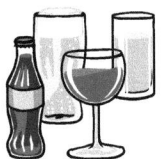

begudes

bebidas

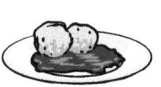

menjar

comida

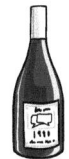

ampolla

botella

menjar ràpid

comida rápida

menjar de carrer

comida de calle

tetera

tetera

sucrer

azucarera

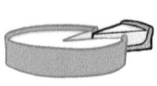

porció

porción

màquina d'espresso

cafetera espresso

trona

periquera

factura

cuenta

plata

charola

ganivet

cuchillo

forqueta

tenedor

cullera

cuchara

cullereta

cuchara de té

tovalló

servilleta

got

vaso

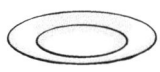

plat
plato

plat de sopa
plato hondo

plateret
plato

salsa
salsa

saler
salero

molinet de pebre
molino para pimienta

vinagre
vinagre

oli
aceite

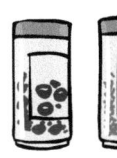

espècies
especias

quètxup
kétchup

mostassa
mostaza

maionesa
mayonesa

supermercat

supermercado

oferta especial
oferta especial
FOR
client
cliente
productes lactis
productos lácteos
fruites
fruta
carret de la compra
carrito para compras

BUTCHERS

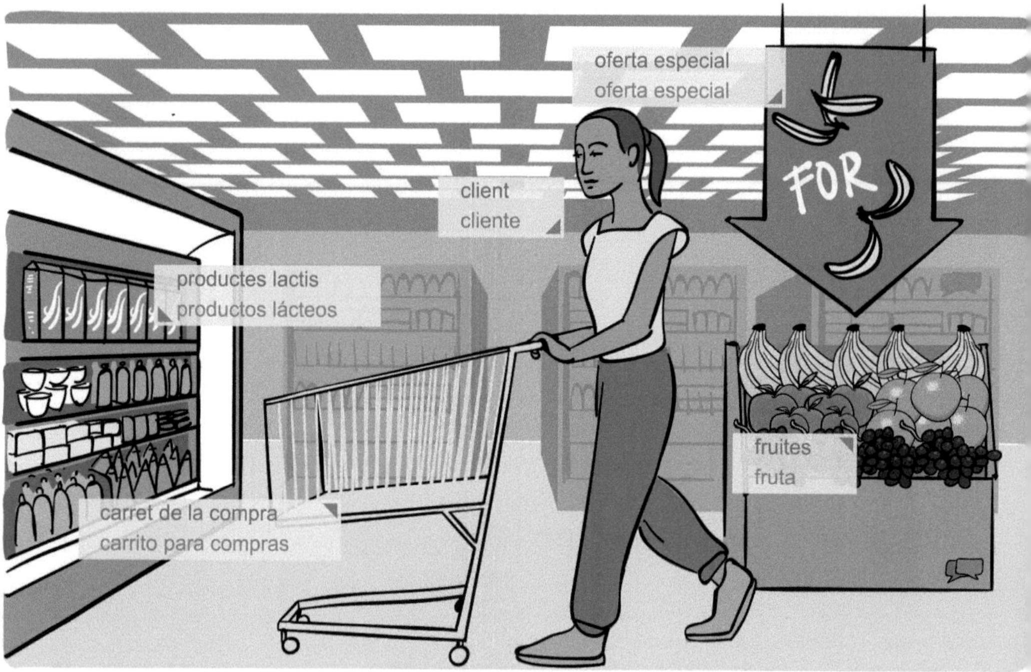

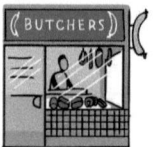

carnisseria
carnicería

BAKERY

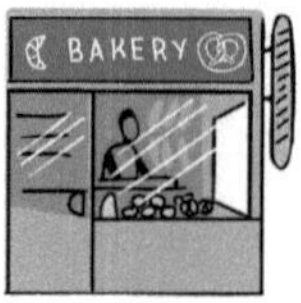

forn de pa
panadería

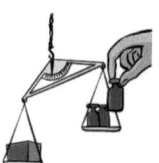

pesar
pesar

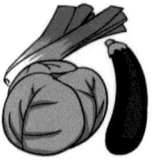

verdures
vegetales

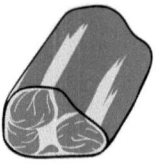

carn
carne

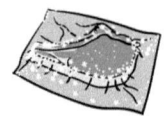

menjar congelat
alimentos congelados

carn freda
....
carnes frías

conserves
....
alimentos enlatados

detergent en pols
....
detergente en polvo

dolços
....
dulces

articles domèstics
....
electrodomésticos

productes de neteja
....
productos de limpieza

venedora
....
vendedora

caixa registradora
....
caja

caixera
....
cajero

llista de la compra
....
lista de compras

horari d'obertura
....
horario de atención al
público

portamonedes
....
cartera

carta de crèdit
....
tarjeta de crédito

bossa
....
bolsa

bossa de plàstic
....
bolsa de plástico

aigua

agua

suc

jugo

llet

leche

coca-cola

refresco de cola

vi

vino

cervesa

cerveza

alcohol

alcohol

cacau

cacao

te

té

cafè

café

espresso

espresso

cappuccino

cappuccino

banana

plátano

poma

manzana

taronja

naranja

síndria

melón

llimona

limón

pastanaga

zanahoria

all

ajo

bambú

bambú

ceba

cebolla

bolet

champiñón

avellanes

nueces

fideus

fideos

espaguetis

espaguetis

arròs

arroz

amanida

ensalada

patates fregides

patatas fritas

patates fregides

patatas fritas

pizza

pizza

hamburguesa

hamburguesa

entrepà

emparedado

escalopa

filete

cuixot

jamón

salami

salami

salsitxa

salchicha

pollastre

pollo

rostit

asado

peix

pescado

flocs de civada

copos de avena

musli

muesli

cereals

copos de maíz

farina

harina

croissant

cuernito

panet

bolillo

pa

pan

torrada

tostada

bescuits

galletas

mantega

mantequilla

mató

cuajada

pastís

pastel

ou

huevo

ou fregit

huevo frito

formatge

queso

gelat

helado

sucre

azúcar

mel

miel

melmelada

mermelada

crema de xocolata

crema de chocolate

curri

curry

granja
granja

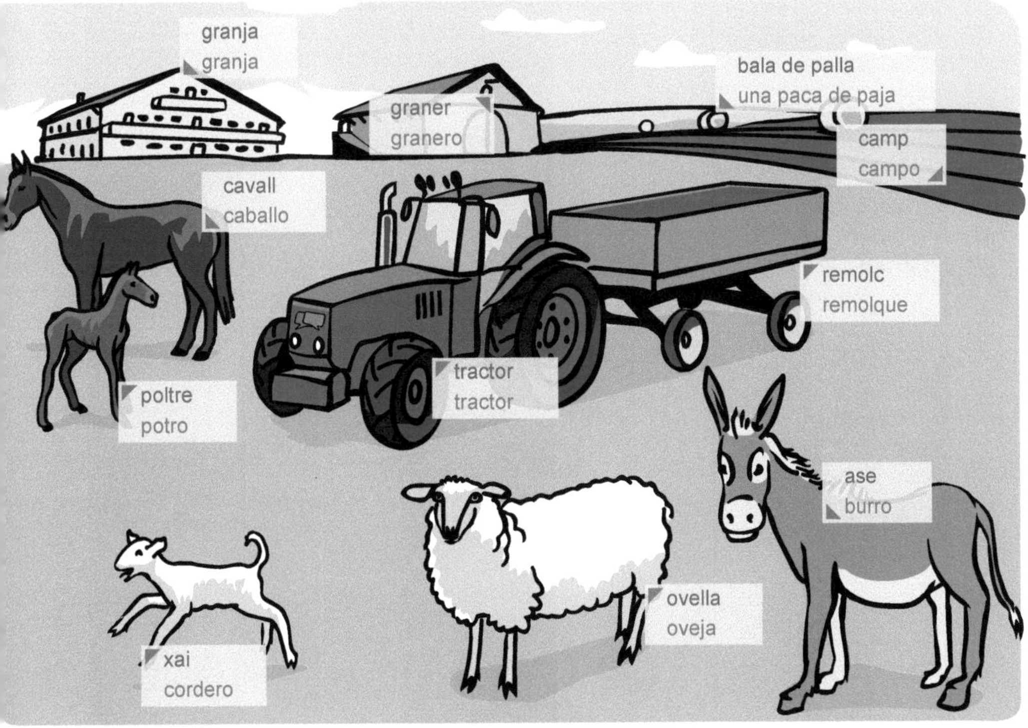
granja
granja
bala de palla
una paca de paja
graner
granero
camp
campo
cavall
caballo
remolc
remolque
tractor
tractor
poltre
potro
ase
burro
ovella
oveja
xai
cordero

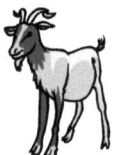

cabra
cabra

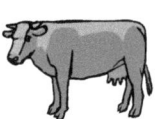

vaca
vaca

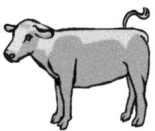

vedella
ternero

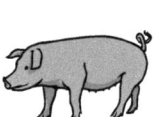

porc
cerdo

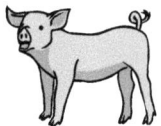

garrí
lechón

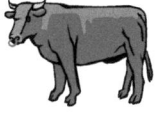

bou
toro

oca

ganso

ànec

pato

poll

pollo

gall

gallina

gallina

gallo

rata

rata

gat

gato

ratolí

ratón

bou

buey

gos

perro

gossera

casa dperro

mànega de regar

manguera

regadora

regadera

dalla

guadaña

arada

arado

falç
hoz

aixada
azadón

forca
horquilla

destral
hacha

carretó
carretilla

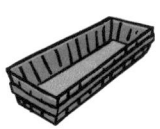

abeurador
bebedero

lletera
bote de leche

sac
saco

tanca
valla

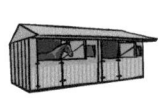

establa
establo

hivernacle
invernadero

sòl
suelo

llavor
semilla

adob
fertilizador

collidora
cosechadora

collir
cosechar

collita
cosecha

nyam
camote

blat
trigo

soja
soja

patata
patata

blat de moro o d'indi
maíz

colza
semilde colza

arbre fruiter
árbol frutal

mandioca
mandioca

cereals
cereales

casa

casa

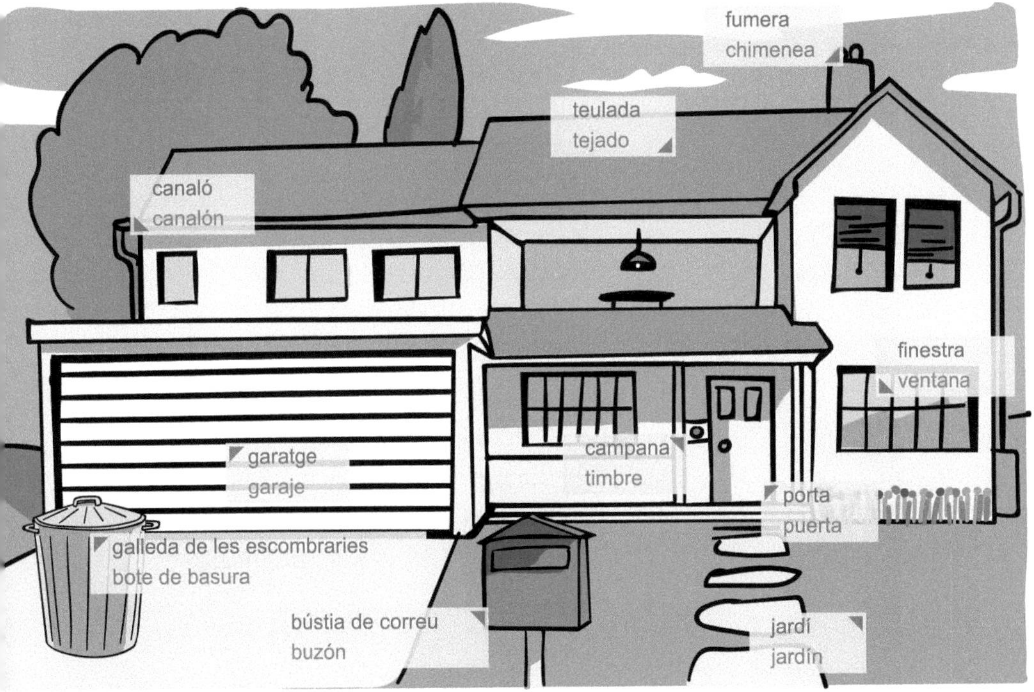
fumera
chimenea
teulada
tejado
canaló
canalón
finestra
ventana
campana
timbre
garatge
garaje
porta
puerta
galleda de les escombraries
bote de basura
bústia de correu
buzón
jardí
jardín

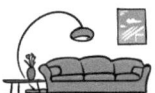

sala d'estar

estancia

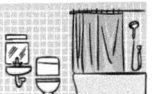

bany

baño

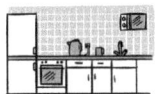

cuina

cocina

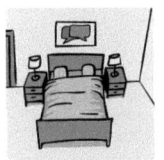

cambra de dormir

recámara

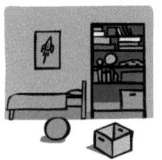

cambra de nen

recámara de los niños

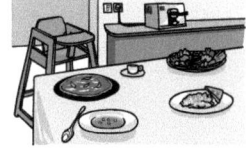

menjador

comedor

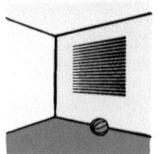

sòl
suelo

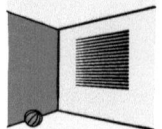

paret
pared

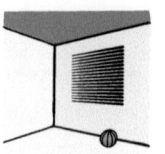

sostre
techo

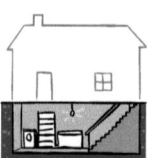

soterrani
sótano

sauna
sauna

balcó
balcón

terrassa
terraza

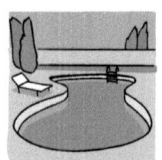

piscina
alberca

tallagespa
cortacésped

vànova
sábana

cobrellit
colcha

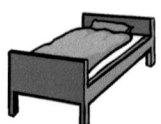

llit
cama

escombra
escoba

galleda
balde

interruptor
interruptor

sala d'estar
estancia

paper de paret
pappara empapelar
quadre
imagen
làmpada
lámpara
prestatge
estante
armari
alacena
televisor
televisión
escalfapanxes
chimenea
flor
flor
coixí
cojín
sofà
sofá
gerro
florero
telecomanda
control remoto

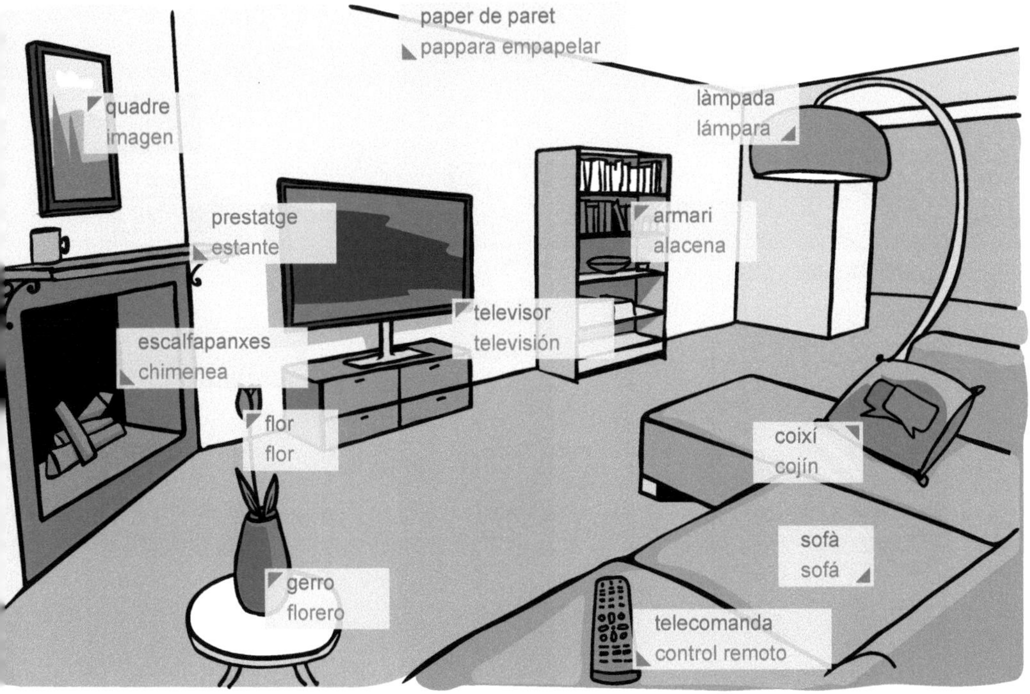

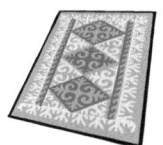

catifa
alfombra

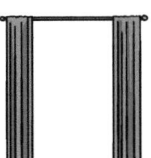

cortina
cortina

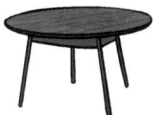

taula
mesa

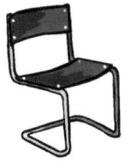

cadira
silla

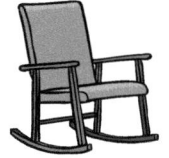

cadira gronxadora
mecedora

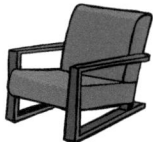

cadiral
sillón

llibre

libro

llençol

frazada

decoració

decoración

llenya

leña

film

película

cadena de música

equipo de música

clau

llave

diari

periódico

pintura

pintura

cartell

póster

ràdio

radio

bloc de notes

cuaderno

aspiradora

aspiradora

cactus

cactus

candela

vela

cuina
cocina

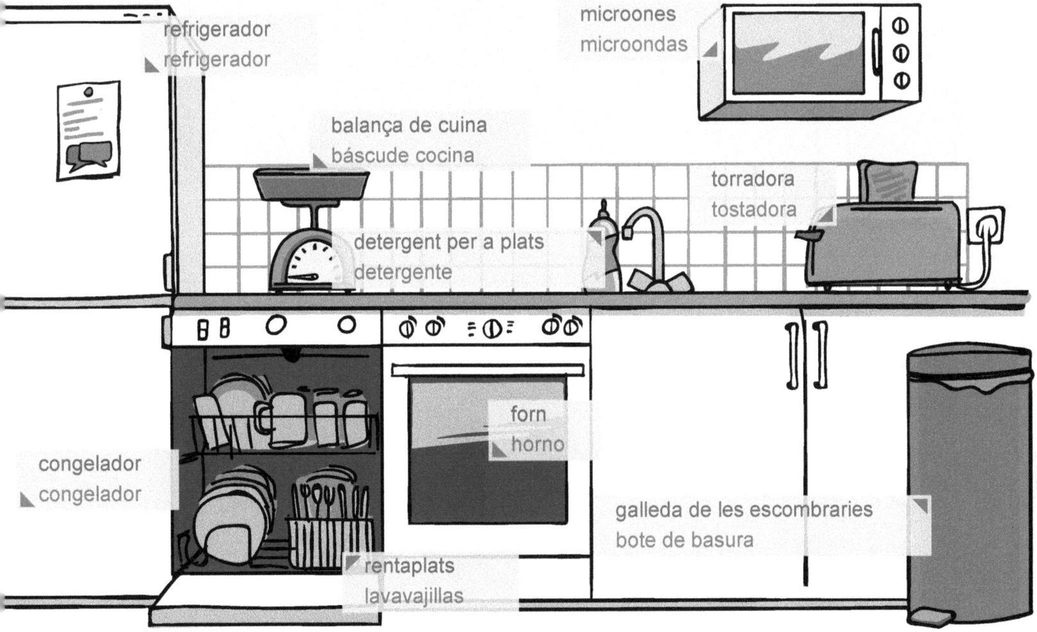
refrigerador
refrigerador
microones
microondas
balança de cuina
báscude cocina
torradora
tostadora
detergent per a plats
detergente
forn
horno
congelador
congelador
galleda de les escombraries
bote de basura
rentaplats
lavavajillas

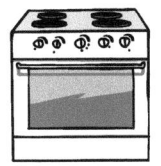

cuina de fogons
opresión

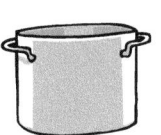

olla
olla

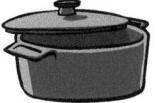

olla de ferro colat
olde hierro fundido

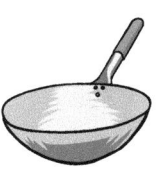

wok / karahi
wok

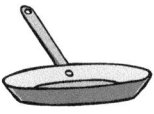

paella
sartén

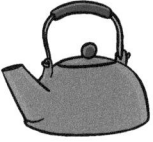

bullidor
hervidor

olla de vapor

vaporera

plata de forn

charode horno

vaixella

loza

tassa grossa

taza

bol

bol

bastonets xinesos

palillos

culler

cucharón

espàtula

espátula

batedor

batidora

colador

colador

sedàs

colador

ratllador

rallador

morter

mortero

barbacoa

barbacoa

foc a terra

fogata

taula de tallar

tabpara picar

corró

rodillo para amasar

llevataps

sacacorchos

pot de conserva

lata

obridor

abrelatas

agafador

guante de cocina

aigüera

fregadero

raspall

cepillo

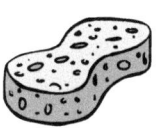

esponja

esponja

batedora

batidora

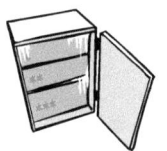

congelador

congelador

biberó

biberón

aixeta

llave

bany

baño

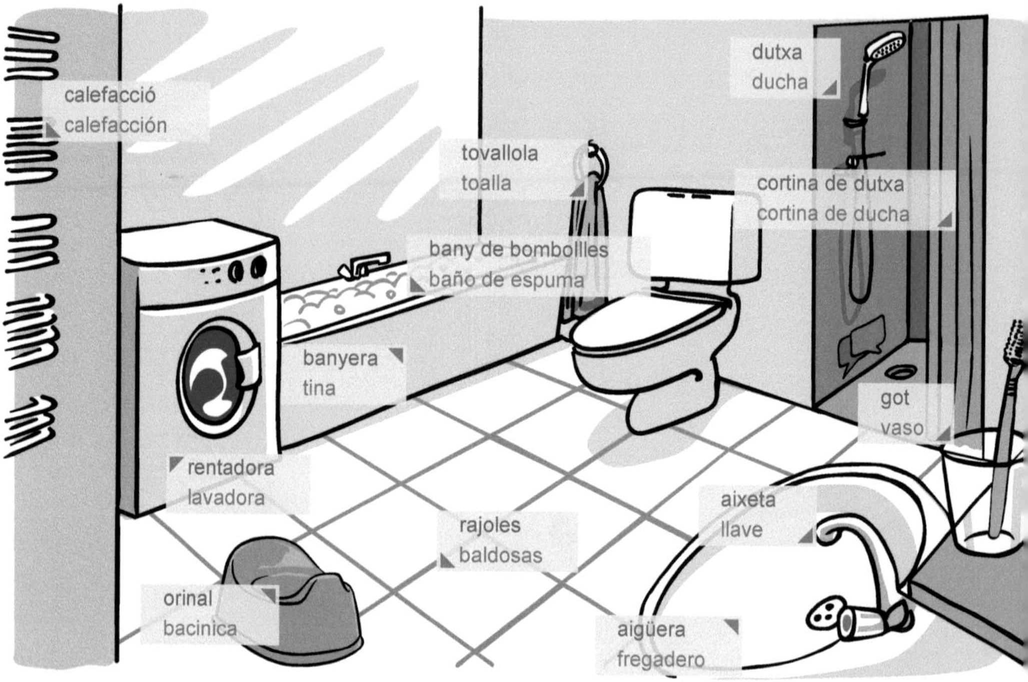
calefacció
calefacción
tovallola
toalla
dutxa
ducha
cortina de dutxa
cortina de ducha
bany de bombollles
baño de espuma
banyera
tina
rentadora
lavadora
rajoles
baldosas
got
vaso
aixeta
llave
orinal
bacinica
aigüera
fregadero

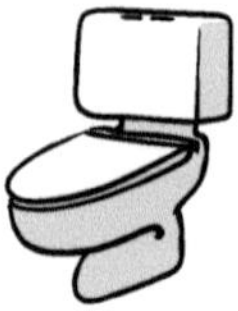

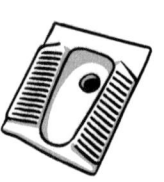

lavabo

inodoro

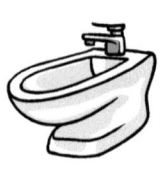

lavabo turc

letrina

bidet

bidé

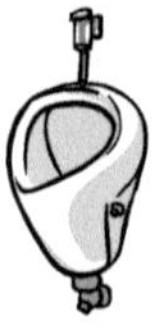

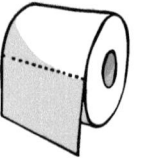

orinador

mingitorio

paper higiènic

paphigiénico

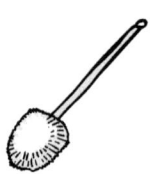

escombreta de sanitari

cepillo para baño

raspall de dents

cepillo de dientes

pasta de dents

pasta dental

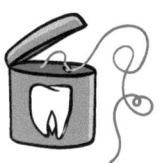

fil dental

hilo dental

rentar

lavar

pom de dutxa

ducha de mano

dutxa íntima

ducha vaginal

rentamans

fregadero

raspall per a l'esquena

cepillo de espalda

sabó

jabón

gel de dutxa

gde ducha

xampú

champú

manyopla de bany

toallita

bonera

drenaje

crema

crema

desodorant

desodorante

mirall
....

espejo

mirall-espill de mà
....

espejo de tocador

maquineta de rasar
....

máquina para afeitar

espuma de barbejar
....

espuma de afeitar

loció post-rasada
....

loción para después de
afeitar

pinta
....

peine

raspall
....

cepillo

eixugador
....

secadora

laca
....

laca

maquillatge
....

maquillaje

pintallavis
....

lápiz labial

esmalt d'ungles
....

esmalte para uñas

cotó
....

algodón

tallaungles
....

tijeras para uñas

perfum
....

perfume

estoig de bellesa

estuche para cosméticos

tamboret

taburete

bàscula

báscula

barnús

bata

guants de goma

guantes de goma

compresa higiènica

tampón

compresa

toalsanitaria

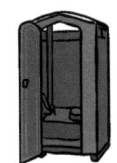

sanitari químic

baño móvil

cambra de nen

recámara de los niños

despertador
despertador
animal de peluix
peluche
auto de joguina
carro de juguete
sonall
sonaja
casa de nines
casa de muñecas
present
regalo

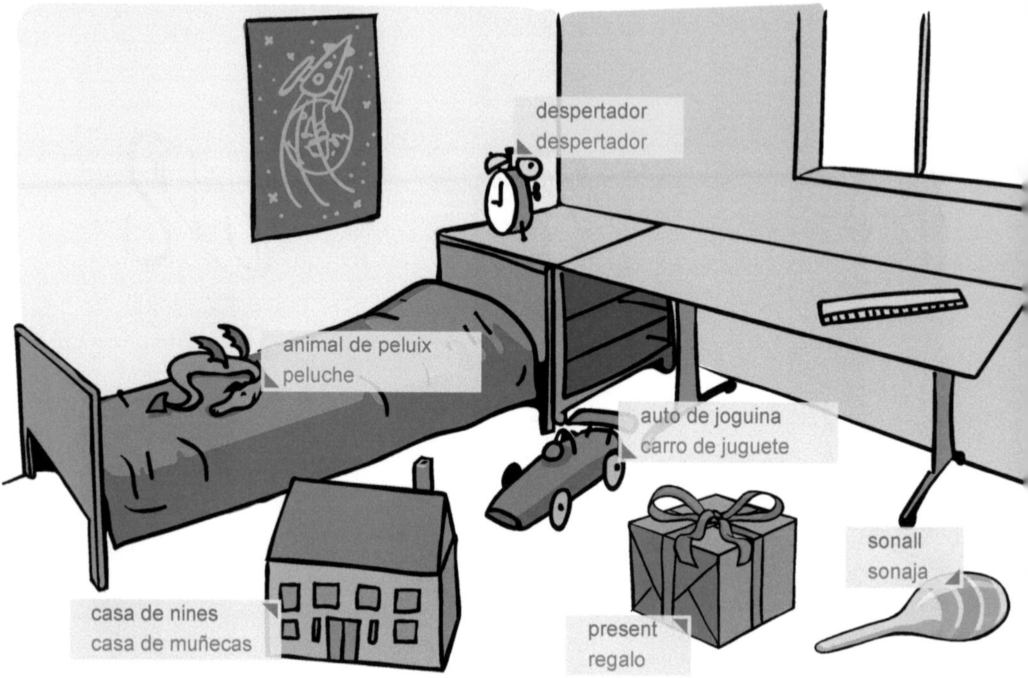

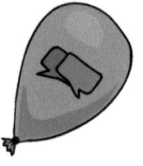

baló

globo

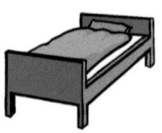

llit

cama

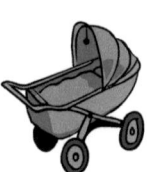

cotxet per a nens

carriola

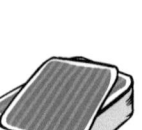

joc de cartes

cartas

trencaclosca

rompecabezas

SUPER MEGA

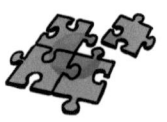

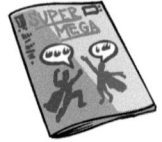

historieta

cómic

peces de lego
piezas de lego

peces de construcció
bloques para jugar

ninot d'acció
figura de acción

granota
mameluco

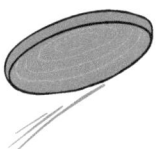

frisbee
frisbee

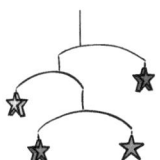

mòbil per a bressol
móvil para bebés

joc de taula
juego de mesa

daus
dados

tren elèctric
tren eléctrico

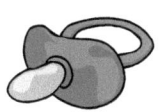

xumet
maniquí

festa
fiesta

llibre de dibuixos
álbum de fotos

pilota
balón

nina
muñeca

jugar
jugar

sorrera

arenero

gronxador

columpio

joguines

juguetes

consola de jocs de vídeo

consode videojuegos

tricicle

triciclo

osset de peluix

oso de peluche

armari

clóset

roba

ropa

mitjons

calcetines

mitges

pantimedias

mitja pantaló

mallas

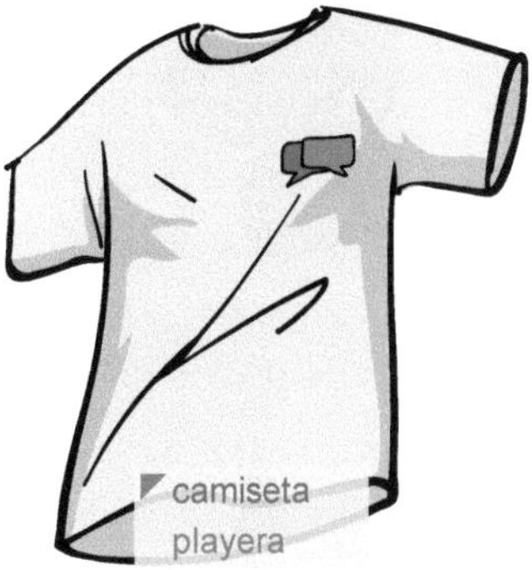

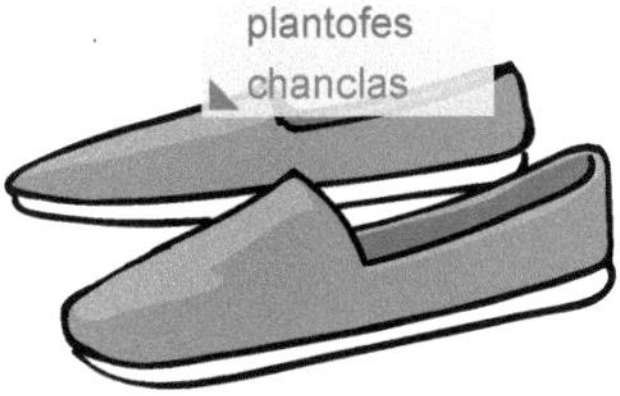

tapacoll
bufanda

cintura
cinto

paraigua
paraguas

camiseta
playera

botes
botas

plantofes
chanclas

sabates d'esport
tenis

sandàlies
....
sandalias

sabates
....
zapatos

botes de goma
....
botas de goma

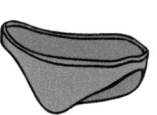

calçonets
....
ropa interior

sostenidor
....
brasier

guardapits
....
chaleco

jjustacòs

body

pantalons

pantalones

jeans

pantalones de mezclilla

faldeta

falda

brusa

blusa

camisa

camisa

jersei

suéter

dessuadora

sudadera

blazer

saco sport

jaqueta

chamarra

mantell

abrigo

impermeable

impermeable

vestit de dona

traje

vestit de dona

vestido

vestit de núvia

vestido de novia

vestit d'home

traje

camisa de dormir

camisón

pijama

pijama

sari

sari

mocador de cap

pañuelo para cabeza

turbant

turbante

burca

burka

caftan

caftán

abaia

abaya

vestit de bany

traje de baño

calçon(et)s de bany

short de baño

pantalons curts

shorts

xandall

pants

davantal

delantal

guants

guantes

botó

botón

ulleres

gafas

braçalet

brazalete

collaret

collar

anell

anillo

orellera

arete

casquet

gorra

penjador

gancho

capell

sombrero

corbata

corbata

cremallera

cierre

casc

casco

elàstics

tirantes

uniforme escolar

uniforme

uniforme

uniforme

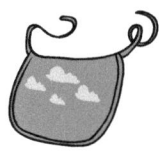

pitet

babero

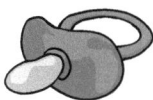

xumet

maniquí

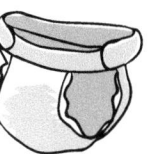

bolquer

pañal

oficina

oficina

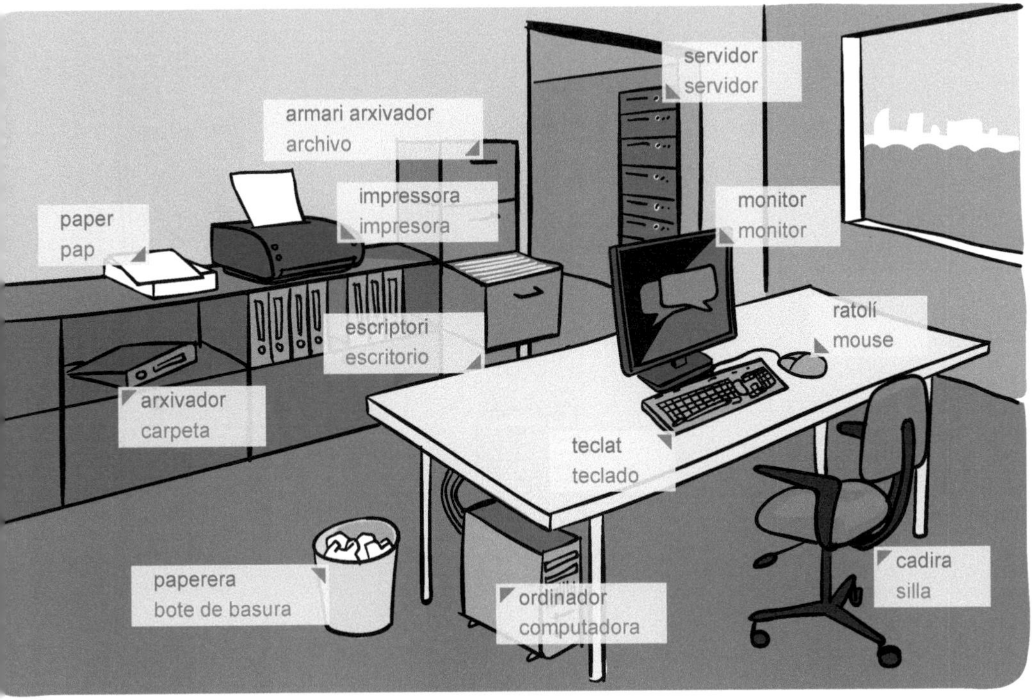
servidor
servidor
armari arxivador
archivo
impressora
impresora
paper
pap
monitor
monitor
ratolí
mouse
escriptori
escritorio
arxivador
carpeta
teclat
teclado
paperera
bote de basura
ordinador
computadora
cadira
silla

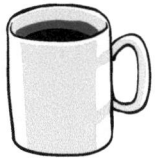

tassa de cafè

taza de café

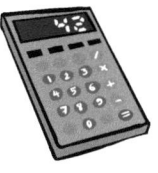

calculadora

calculadora

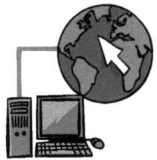

Internet

internet

ordinador portàtil
notebook

lletra
carta

missatge
mensaje

mòbil
móvil

xarxa
red

fotocopiadora
fotocopiadora

programari
software

telèfon
teléfono

presa de corrent
tomacorriente

fax
fax

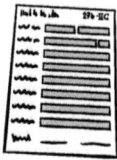

formulari
formulario

document
documento

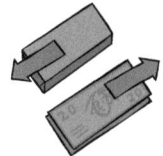

comprar

comprar

pagar

pagar

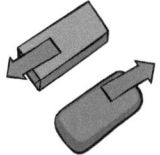

comerciar

hacer negocios

diners

dinero

USD

dòlar

dólar

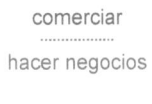
EUR

euro

euro

JPY

ien

yen

RUB

ruble

rublo

CHF

franc suís

franco suizo

CNY

renminbi

yuan

INR

rupia

rupia

caixa automàtica

cajero automático

oficina de canvi

casa de cambio

or

oro

argent

plata

petroli

petróleo

energia

energía

preu

precio

contracte

contrato

impost

impuesto

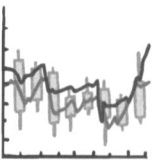

acció

acción

treballar

trabajar

treballador

empleado

empresari

empleador

fàbrica

fábrica

botiga

tienda

oficis
ocupaciones

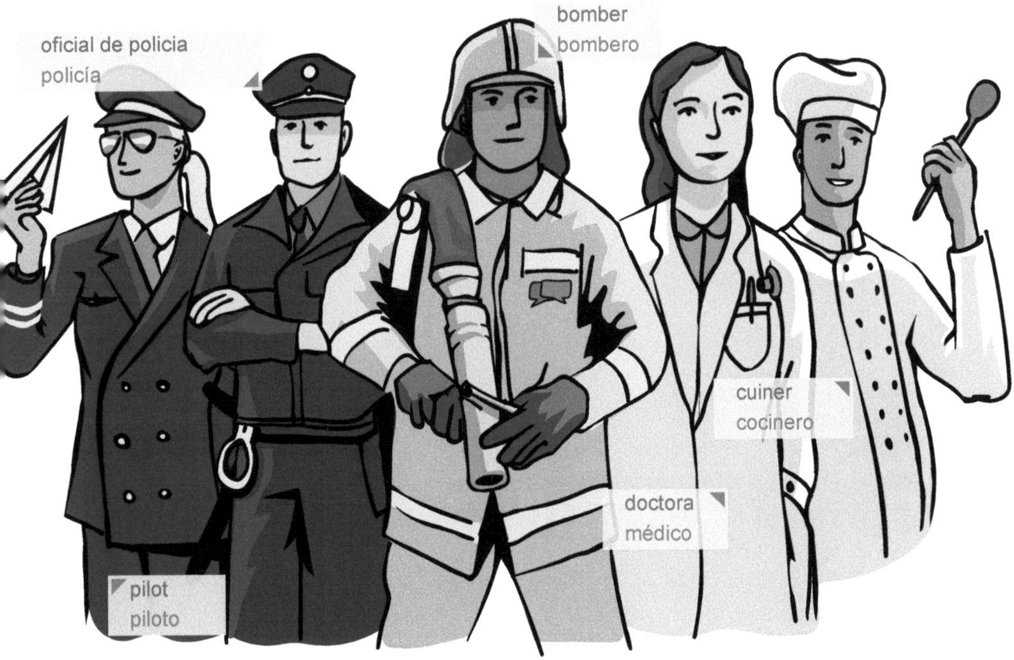
bomber
bombero
oficial de policia
policía
cuiner
cocinero
doctora
médico
pilot
piloto

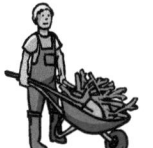

jardiner

jardinero

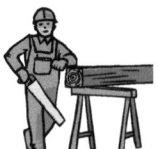

fuster

carpintero

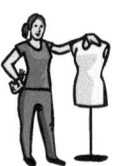

costurera

costurera

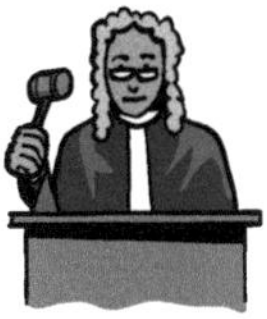

jutge

juez

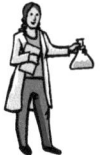

química

farmacéutico

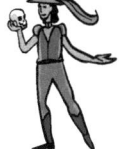

actor

actor

conductor d'autobús

conductor de autobús

taxista

taxista

pescador

pescador

dona de la neteja

señora de limpieza

ensostrador

instalador de techos

cambrer

camarero

caçador

cazador

pintor

pintor

forner

panadero

electricista

electricista

obrer de la construcció

obrero

enginyer

ingeniero

carnisser

carnicero

llanterner

plomero

correu

cartero

soldat
soldado

arquitecte
arquitecto

caixera
cajero

florista
florista

perruquer
peluquero

revisor
cobrador

mecànic
mecánico

capità
capitán

dentista
dentista

científic
científico

rabí
rabino

imam
imán

monjo
monje

capellà
sacerdote

eines

herramientas

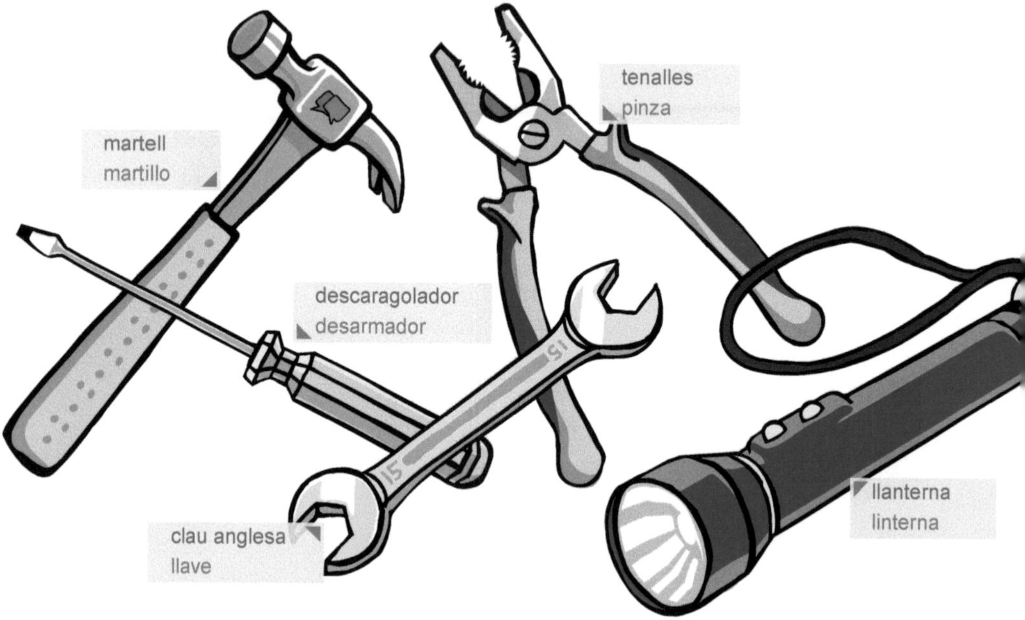

martell
martillo
tenalles
pinza
descaragolador
desarmador
clau anglesa
llave
llanterna
linterna

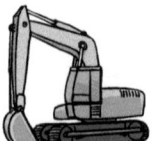

excavadora

excavadora

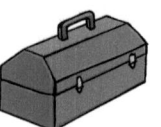

caixa d'eines

caja de herramientas

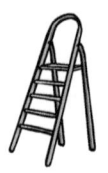

escala

escalera de mano

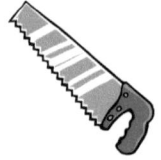

serra

sierra

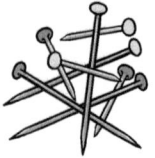

claus

clavos

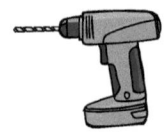

trepant

taladro

reparar
reparar

pala
pala

Maleït siga!
¡Maldición!

pala
recogedor

pot de pintura
bote de pintura

caragols
tornillos

instrument de música
instrumentos musicales

bateria
batería

altaveu
altavoz

guitarra
guitarra

contrabaix
contrabajo

trompeta
trompeta

piano
piano

violí
violín

baix
bajo

timbal
timbales

tambor
tambor

teclat
teclado

saxofon
saxofón

flauta
flauta

micròfon
micrófono

zoo
zoológico

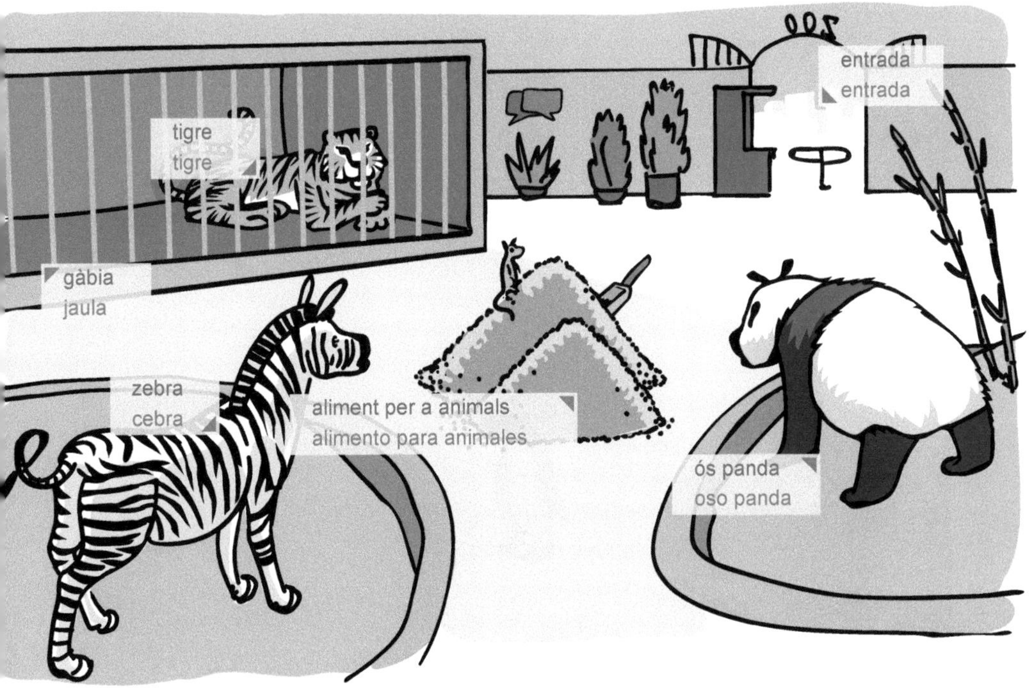
entrada
entrada
tigre
tigre
gàbia
jaula
zebra
cebra
aliment per a animals
alimento para animales
ós panda
oso panda

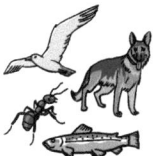

animals

animales

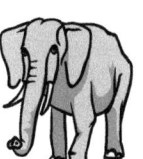

elefant

elefante

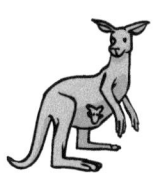

cangurú

canguro

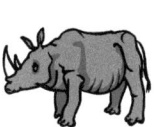

rinoceront

rinoceronte

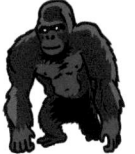

goril·la

gorila

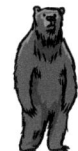

ós

oso

camell

camello

estruç

avestruz

lleó

león

simi

mono

flamenc

flamenco

papagai

loro

ós polar

oso polar

pingüí

pingüino

ca mari

tiburón

paó

pavo real

serp

serpiente

cocodril

cocodrilo

guardià del zoo

guardián de zoológico

foca

foca

jaguar

jaguar

poni
poni

lleopard
leopardo

hipopòtam
hipopótamo

girafa
jirafa

àliga
águila

senglar
jabalí

peix
pescado

tortuga
tortuga

morsa
morsa

guineu
zorro

gasela
gacela

futbol americà
fútbol americano

ciclisme
ciclismo

tenis
tenis

bàsquet
baloncesto

natació
natación

boxa
boxeo

hoquei sobre gel
hockey sobre hielo

futbol americà

fútbol

bàdminton

bádminton

atletisme

atletismo

handbol

handball

esquí

esquí

polo

polo

activitats

actividades

riure
reír
saltar
saltar
abraçar
abrazar
anar
caminar
cantar
cantar
somiar
soñar
pregar
rezar
fer un petó
besar

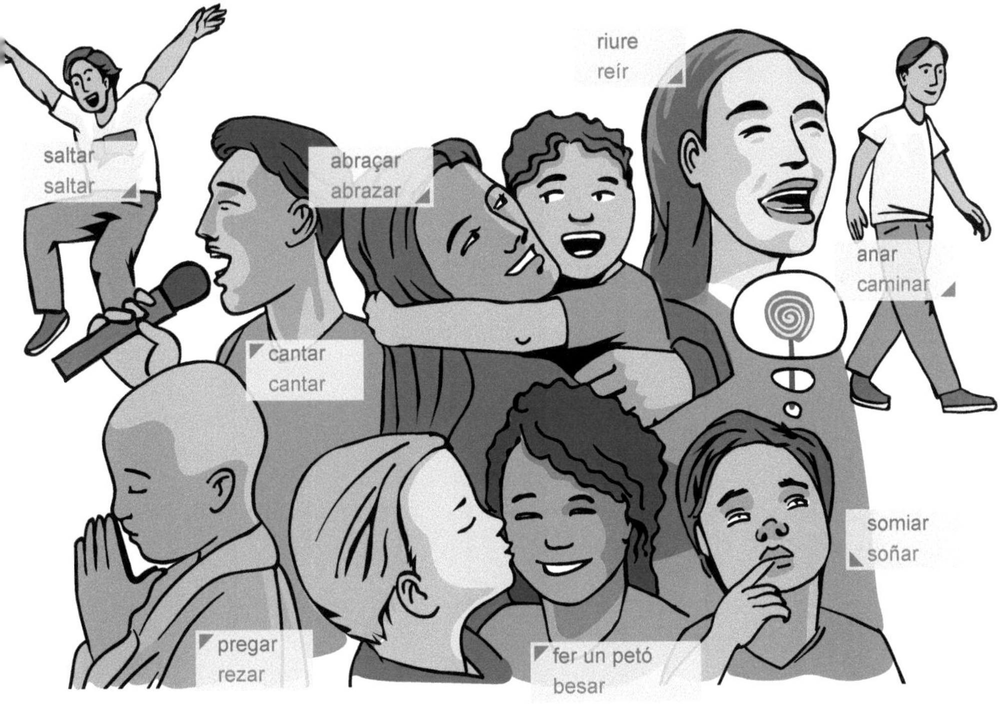

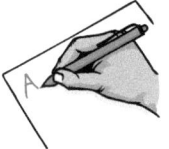

escriure

escribir

dibuixar

dibujar

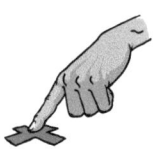

mostrar

mostrar

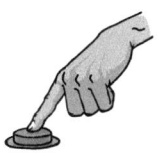

pitjar

empujar

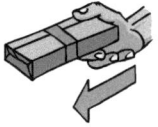

donar

dar

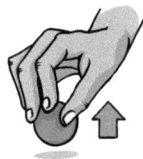

prendre

tomar

tenir

tener

fer

hacer

ésser

ser

estar dret

estar parado

córrer

correr

estirar

jalar

llançar

arrojar

caure

caer

jeure

estar acostado

esperar

esperar

portar

llevar

asseure's

estar sentado

vestir-se

vestirse

dormir

dormir

despertar-se

despertar

activitats - actividades

mirar
mirar

plorar
llorar

amoixar
acariciar

pentinar
peinar

parlar
hablar

comprendre
entender

demanar
preguntar

escoltar
escuchar

beure
beber

menjar
comer

endreçar
ordenar

estimar
amar

cuinar
cocinar

conduir
conducir

volar
volar

navegar
navegar

calcular
calcular

llegir
leer

aprendre
aprender

treballar
trabajar

casar-se
casarse

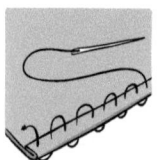

cosir
coser

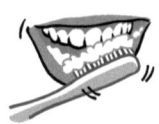

raspallar-se les dents
cepillarse los dientes

matar
matar

fumar
fumar

enviar
enviar

activitats - actividades

família
familia

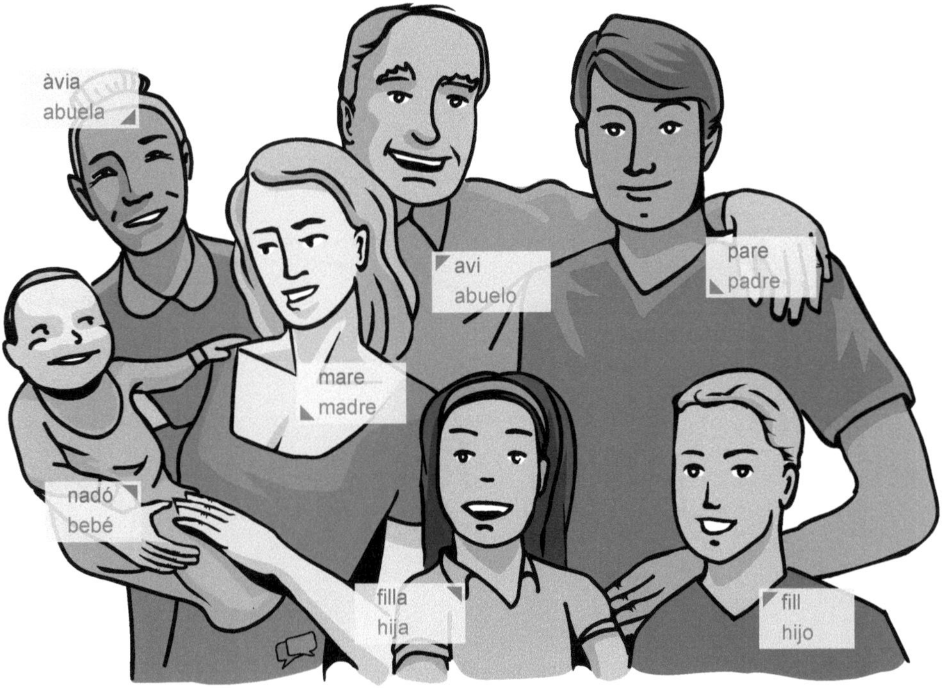

àvia
abuela
avi
abuelo
pare
padre
mare
madre
nadó
bebé
filla
hija
fill
hijo

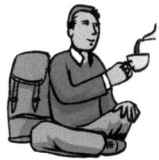

convidat

invitado

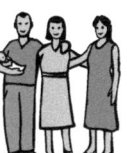

tia

tía

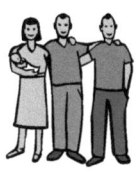

oncle

tío

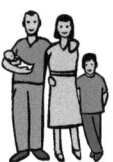

germà

hermano

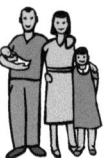

germana

hermana

cos

cuerpo

front
frente
ull
ojo
espatlla
hombro
dit
dedo
cara
cara
barbeta
barbilla
mà
mano
pit
pecho
cama
pierna
braç
brazo

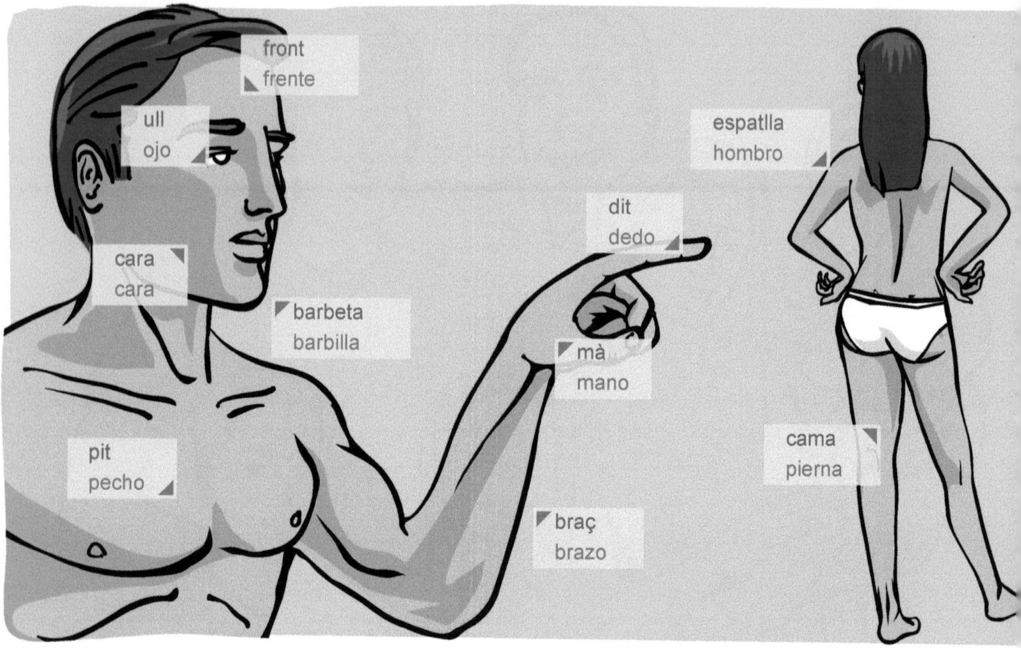

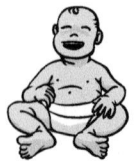

nadó
bebé

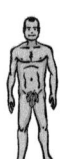

home
hombre

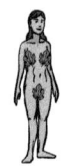

dona
mujer

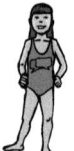

noia
niña

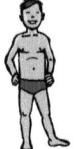

noi
niño

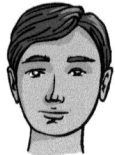

cap
cabeza

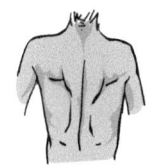

esquena
espalda

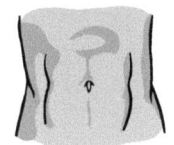

panxa
barriga

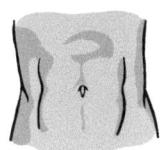

melic
ombligo

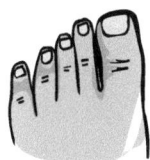

dit gros del peu
dedo dpie

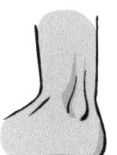

taló
talón

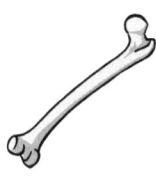

os
hueso

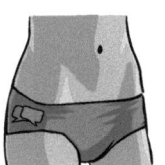

maluc
cadera

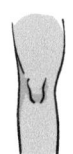

genoll
rodilla

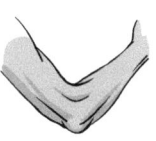

colze
codo

nas
nariz

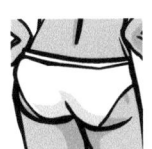

cul
pompis

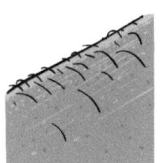

pell
piel

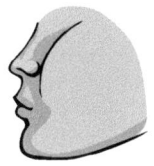

galta
mejilla

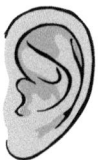

orella
oído

llavi
labio

cos - cuerpo

boca

boca

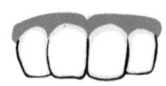

dent

diente

llengua

lengua

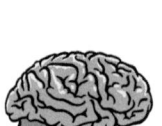

cervell

cerebro

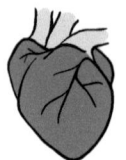

cor

corazón

múscul

músculo

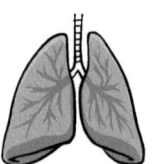

pulmó

pulmón

fetge

hígado

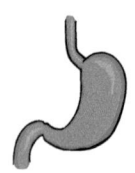

estómac

estómago

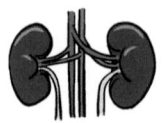

ronyó

riñones

relació sexual

sexo

preservatiu

condón

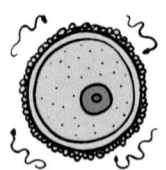

ovari

óvulo

semen

semen

prenyat

embarazo

cos - cuerpo

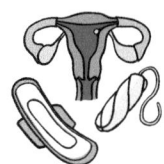

menstruació

menstruación

vagina

vagina

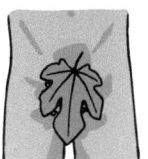

penis

pene

cella

ceja

cabells

cabello

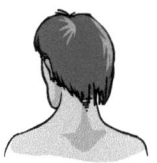

coll

cuello

hospital
hospital

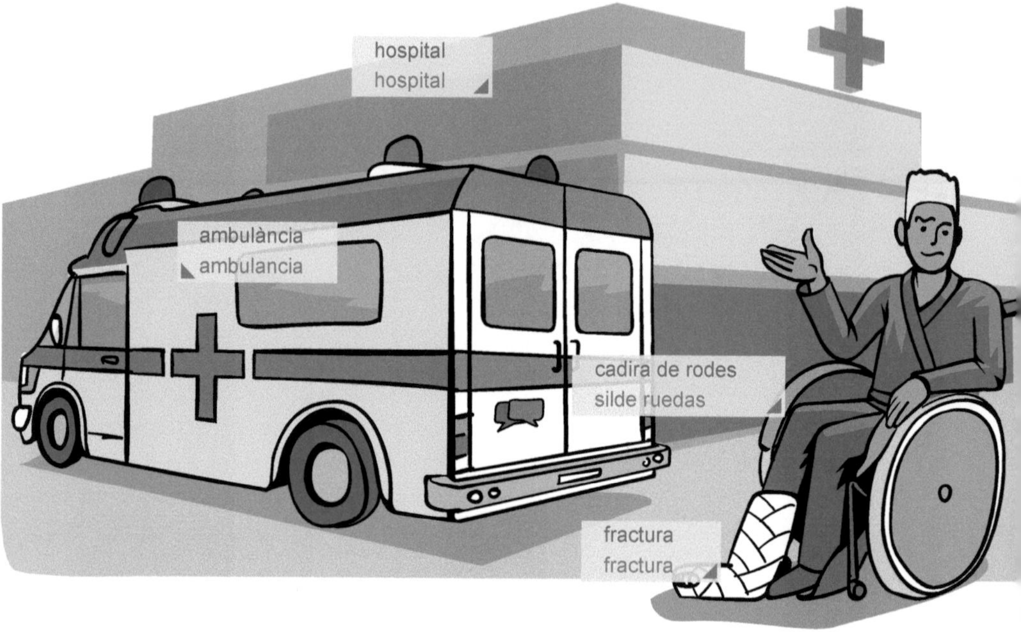

hospital
hospital
ambulància
ambulancia
cadira de rodes
silde ruedas
fractura
fractura

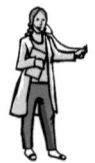

doctora
médico

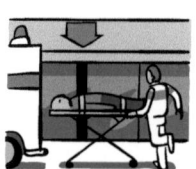

sala d'urgències
sade emergencias

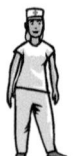

infermera
enfermera

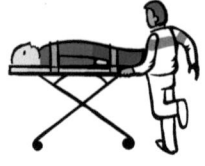

urgència
emergencia

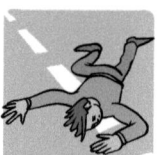

inconscient
inconsciente

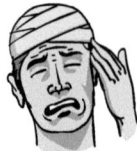

dolor
dolor

ferida

lesión

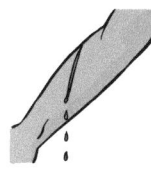

sagnament

hemorragia

atac de cor

infarto

apoplexia

accidente cerebrovascular

al·lèrgia

alergia

tos

tos

febre

fiebre

gripa

gripa

diarrea

diarrea

mal de cap

dolor de cabeza

càncer

cáncer

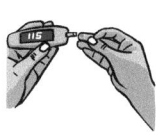

diabetis

diabetes

cirurgià

cirujano

escalpel

bisturí

operació

operación

tomografia computada (TC), TAC
....
TC

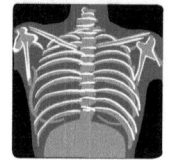

raigs x
....
rayos x

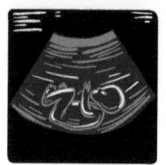

ultrasò
....
ultrasonido

mascareta
....
mascarilla

malaltia
....
enfermedad

sala d'espera
....
sade espera

crossa
....
muleta

tireta
....
vendita

embenat
....
vendaje

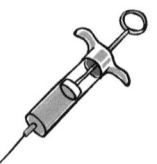

injecció
....
inyección

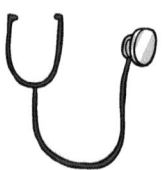

estetoscopi
....
estetoscopio

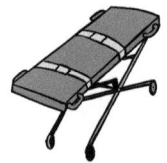

llitera
....
camilla

termòmetre clínic
....
termómetro

pariment
....
nacimiento

sobrepès
....
sobrepeso

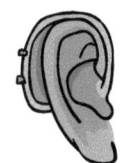

aparell auditiu

audífono

desinfectant

desinfectante

infecció

infección

virus

virus

VIH / SIDA

VIH / SIDA

medicina

medicina

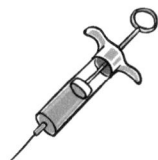

vaccí

vacunación

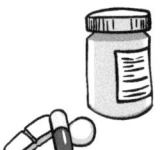

comprimits

tabletas

píl·lola

pastilanticonceptiva

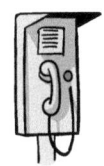

trucada d'urgència

llamada de emergencia

tensiòmetre

medidor de presión

malalt / sà

enfermo / sano

Socors!

¡Socorro!

assalt

agresión

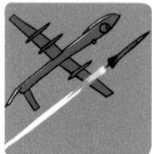

atac

ataque

perill

peligro

sortida-eixida d'urgència

salida de emergencia

Foc!

¡Fuego!

extintor

extintor de incendios

accident

accidente

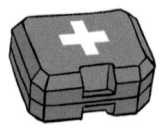

farmaciola de primers auxilis

botiquín de primeros auxilios

SOS

SOS

policia

policía

Europa

Europa

Amèrica del Nord

Norteamérica

Amèrica del Sud

Sudamérica

Àfrica

África

Àsia

Asia

Austràlia

Australia

Atlàntic

Atlántico

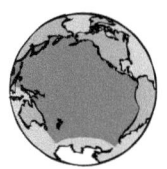

Pacífic

Pacífico

Oceà Índic

Océano Índico

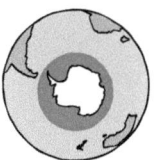

Oceà Antàrtic

Océano Antártico

Oceà Àrtic

Océano Ártico

pol nord

polo norte

pol sud

polo sur

Antàrtida

Antártida

terra

tierra

país

tierra

mar

mar

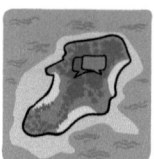

illa

isla

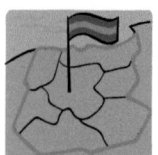

nació

nación

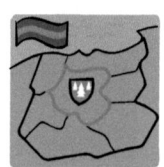

estat

estado

terra - tierra

quadrant
....
esfera

agulla de les hores
....
manecilde las horas

agulla dels minuts
....
minutero

agulla dels segons
....
segundero

Quina hora és?
....
¿Qué hora es?

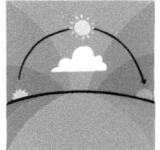

dia
....
día

temps
....
hora

ara
....
ahora

rellotge digital
....
reloj digital

minut
....
minuto

hora
....
hora

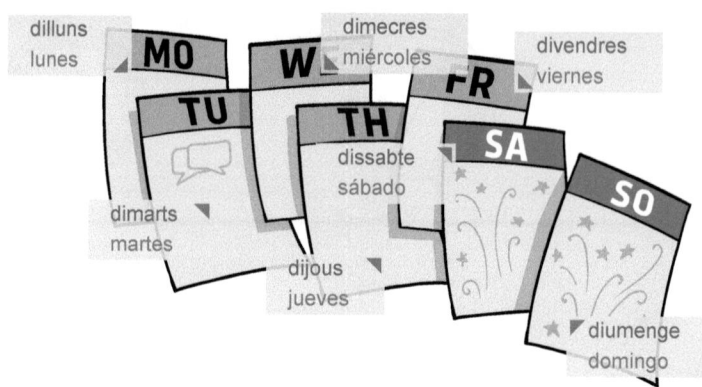

dilluns / lunes — MO
dimarts / martes — TU
dimecres / miércoles — W
dijous / jueves — TH
divendres / viernes — FR
dissabte / sábado — SA
diumenge / domingo — SO

ahir
....
ayer

avui
....
hoy

demà
....
mañana

matí
....
mañana

migdia
....
mediodía

tarda
....
tarde

dia feiner
....
días laborables

cap de setmana
....
fin de semana

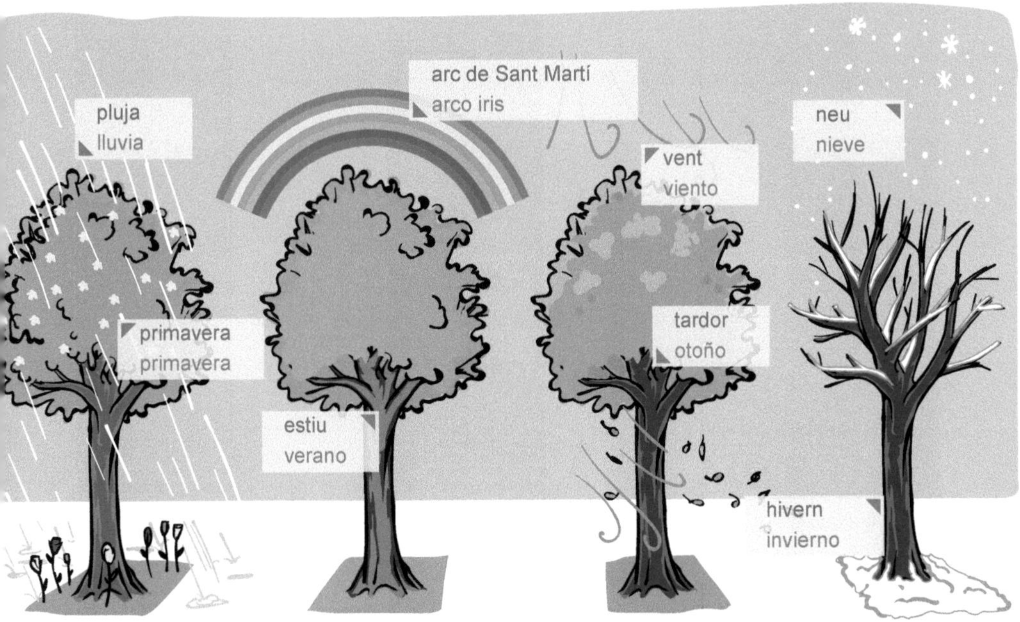

pluja
lluvia

arc de Sant Martí
arco iris

vent
viento

neu
nieve

primavera
primavera

estiu
verano

tardor
otoño

hivern
invierno

pronòstic del temps

pronóstico dtiempo

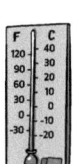

termòmetre

termómetro

llum del sol

sol

núvol

nube

boira

niebla

humiditat de l'aire

humedad

llamp

rayo

tro

trueno

tempesta

tormenta

calamarsa

granizo

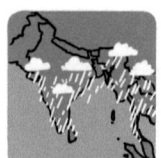

monsó

monzón

inundació

inundación

gel

hielo

gener

enero

febrer

febrero

març

marzo

abril

abril

maig

mayo

juny

junio

juliol

julio

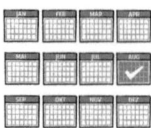

agost

agosto

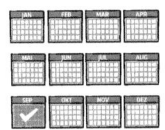

setembre
....
septiembre

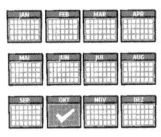

octubre
....
octubre

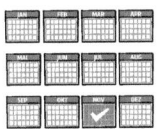

novembre
....
noviembre

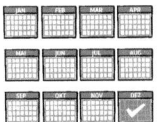

desembre
....
diciembre

formes
formas

cercle
....
círculo

quadrat
....
cuadrado

rectangle
....
rectángulo

triangle
....
triángulo

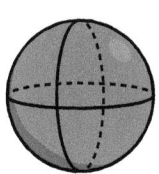

esfera
....
esfera

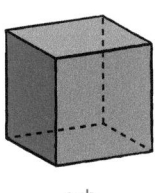

cub
....
cubo

colors

colores

blanc

blanco

groc

amarillo

taronja

naranja

rosa

rosa

vermell

rojo

lila

morado

blau

azul

verd

verde

marró

marrón

gris

gris

negre

negro

molt / poc

mucho / poco

emprenyat / tranquil

enojado / tranquilo

bonic / lleig

bonito / feo

començament / fi

principio / fin

gran / petit

grande / pequeño

clar / fosc

claro / oscuro

germà / germana

hermano / hermana

net / brut

limpio / sucio

complet / incomplet

completo / incompleto

dia / nit

día / noche

mort / viu

muerto / vivo

ample / estret

ancho / angosto

comestible / immenjable

comestible / no comestible

dolent / amable

malo / amable

entusiasmat / entediat

entusiasmado / aburrido

gros / prim

gordo / delgado

primer / darrer

primero / último

amic / enemic

amigo / enemigo

ple / buit

lleno / vacío

dur / tou

duro / blando

pesant / lleuger

pesado / ligero

gana / set

hambre / sed

malalt / sà

enfermo / sano

il·legal / legal

ilegal / legal

intel·ligent / ximple

inteligente / tonto

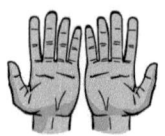

esquerra / dreta

izquierda / derecha

prop / llunyà

cerca / lejos

nou / usat

nuevo / usado

res / quelcom

nada / algo

vell / jove

viejo / joven

encès / apagat

encendido / apagado

obert / tancat

abierto / cerrado

silenciós / sorollós

silencioso / ruidoso

ric / pobre

rico / pobre

correcte / incorrecte

correcto / incorrecto

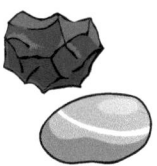

aspre / suau

áspero / suave

trist / content

triste / contento

curt / llarg

corto / largo

lent / ràpid

lento / rápido

humit / sec - eixut

húmedo / seco

calent / fred

caliente / frío

guerra / pau

guerra / paz

0	**1**	**2**
zero	u	dos
cero	uno	dos

3	**4**	**5**
tres	quatre	cinc
tres	cuatro	cinco

6	**7**	**8**
sis	set	vuit
seis	siete	ocho

9	**10**	**11**
nou	deu	onze
nueve	diez	once

12

dotze
doce

13

tretze
trece

14

catorze
catorce

15

quinze
quince

16

setze
dieciséis

17

disset
diecisiete

18

divuit
dieciocho

19

dinou
diecinueve

20

vint
veinte

100

cent
cien

1.000

mil
mil

1.000.000

milió
millón

anglès

inglés

anglès americà

inglés americano

xinès mandarí

chino mandarín

hindi

hindi

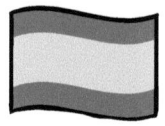

espanyol

español

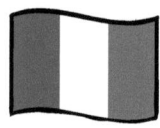

francès

francés

àrab

árabe

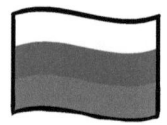

rus

ruso

portuguès

portugués

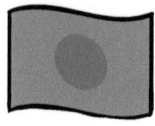

bengalí

bengalí

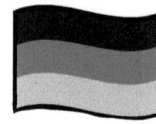

alemany

alemán

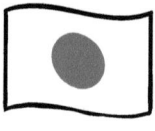

japonès

japonés

jo

yo

tu

tú

ell / ella / allò

él / ella

nosaltres

nosotros

vosaltres

vosotros

ells

ellos

qui?

¿quién?

què?

¿qué?

com?

¿cómo?

on?

¿dónde?

quan?

¿cuándo?

nom

nombre

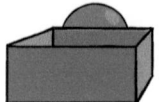

darrere

detrás

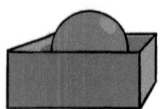

en

en

davant de

delante de

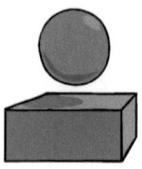

damunt

por encima de

sobre

sobre

sota

debajo de

al costat

junto a

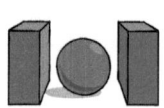

entre

entre

lloc

lugar